maar sep ...

is sep er?

sep

sep is er!

vaar saar.

vaar ver.

saar, is er vis?
er is vis, sep.

saar, is er aas?
er is aas, sep.

sep is aas!

sep is sip.
saar is raar.

mep!

saar is sip.

Serie 1 • bij kern 1 van Veilig leren lezen

Is oop er?

Gitte Spee

maantjes

Zwijsen

sep

saar

pep

pep is er.

pep

pim

pim is er.

pep

pim

sem

sem is er.

pep

pim

sem

saar

saar is er.

pep pim sem saar aap

aap is er.